Renate Haußmann  (Hg)

Christiane Maria Luti

Barbara Rossi

# Wenn die Nacht kommt in Manhattan

Gedichte zu Dritt

Idee: Renate Haußmann, Schreibweise Hamburg

Satz und Gestaltung; Renate Haußmann

Verlag und Druck: tredition GmbH, Halenreie 40-44, 22359 Hamburg
978-3-7469-0457-3 (Paperback)

978-3-7469-0458-0 (Hardcover)

978-3-7469-0459-7 (e-Book)

## Lyrik im Trialog

Lyriker gewinnen an Bedeutung. Plötzlich sind sie Träger wichtiger Literaturpreise. Die Minimalisierung im Ausdruck nutzen auch junge Autoren und Autorinnen und füllen große Theater im Wettstreit mit Worten.

Beeinflusst von Form und Rhythmus junger Lyrik sind die drei Autorinnen dieses Gedichtbands in einen Austausch zu Themen der Zeit gegangen, die sie mit Werken ihres kreativen Schaffens verbinden. Das ist der Rahmen für eine poetische Kommunikation im Trialog, der in lyrischer Freiheit ausspricht, was als Impuls eingegangen ist.

In dieser Dramaturgie werden Worte eingefangen und zu Zeilen geformt, die im Dreierschritt für das jeweilige Thema überraschende Räume öffnet und für die Leser und Leserinnen eine dreidimensionale Sicht.

Wenn die Nacht kommt in Manhattan ist Band 1 der Serie : Konzeptionelle Lyrik.

«In dem Augenblick, in dem man einer Sache seine volle Aufmerksamkeit schenkt – und sei es nur ein Grashalm – wird sie zu einer einzigen, wunderbaren und großartigen Welt.»

(Henry Miller)

## WANDLUNGEN

Bild: Stranger in Her Own Dream (Renate Hauß-
mann)

  wenn die nacht kommt in manhattan

  Kein einförmiger Alltag

  Der ewige Garten


Bild: Lavendel (Christiane Maria Luti)

  Von der Zahlungsaufforderung

  Unbescholtenes Blatt

  nimmersatt


Bild: Harlekin (Barbara Rossi)

  Ich bin ein guter Mensch

  mit abstand betrachtet

  Der gute Mensch

Stranger in Her Own Dream (Renate Haußmann)

*Aus der Sammlung F. Peters, Hamburg*

## wenn die nacht kommt in manhattan

es wird nicht dunkel

die lichter der krater die

in den himmel wachsen

sind bezahlt von steuergeldern

obdachlose würden sich beteiligen

hätten sie eine adresse

für die formulare der behörden

die lichter bleiben

sie werden zu feuerballen

in meinem kopf

wenn die nacht kommt in manhattan


es gibt keine ruhe

die sirenen der retter heulen

sie rasen durch die schluchten

aus stein und glas und treppen aus marmor

fassade für die unteren etagen

nur so weit das auge reicht

ihre lieder des verderbens

kriechen unter meine decke

finden ihren weg

durch die stöpsel in den ohren

wenn die nacht kommt in manhattan

es ist kalt

zusammengesunkener blutdruck

vertreibt die wärme hektischer erregung

aus lodernder selbstüberschätzung und

kindlichem wagemut

geboren im Feuer des tageslichts

der atem später träume und

selbstgewählter niederlagen

aufgesogen in der lust des aufbruchs

verschluckt sich an meiner sprachlosigkeit

wenn die nacht kommt in manhattan


ich bin nackt

ohne die tarnende hülle

gelernter worte

kennt niemand meinen namen

kein aufrechter gang durch status veredelt

bin nur noch ich durch mich

und kenne mich nicht

nach innen gerichtete spiegel

zeigen weiße flecken

die auf entdeckung warten

wenn die nacht kommt in manhattan

*Renate Haußmann*

## Kein einförmiger Alltag

Ich köpfe das FrühstücksEi
zerstöre mit gutem Recht die perfekte Form
da fällt was zu Boden
und gibt einen scheppernden Schrei
ungehörig für einen KaffeeLöffel
dein Ton ist Pling, kehlenloses Ding

Beim RunterBücken
stößt mir die Tischkante zu
passgenau in die EllenbogenRinne
und fällt mir dann in den Rücken
meine Kehle gehört mir
und hat eine Seele

Jetzt gebt Acht
nach dem Tag die MitterNacht
ich schlafe ohnmachtstief
werde geschoben durch dunkle Flure
mit einrückenden Wänden
und WürgeHänden

Die drehen den Strick

der sich durch aufgetürmten Unrat schleift

und dann zuschneidet ins Fleisch und Blut

nein, schreit meine Kehle

das ist nicht mein Geschick

hilf mir meine Seele


Und sie trägt herein

den Duft der Linden

hebt mich weit hinaus

hinauf in die freie Luft

nun sitz' ich am Fenster

und pelle mein Ei


*Christiane Maria Luti*

## Der ewige Garten

Ich bin das Ei, ich bin die Pelle,

ich bin der Pling, die WürgeHände,

mein LindenDuft wiegt schwer,

nachts ist meine Zeit ,

und ich krieche in Köpfe,

meine Tür ist so manche Durchlässigkeit,

keiner sieht mir zu,

ich habe so viele Kräfte, die ich nutz',

manche nennen mich Wächter,

die nächsten Gärtner,

aber die Blumen schneiden andere ab.

*Barbara Rossi*

Lavendel (Christiane Maria Luti)

## Von der ZahlungsAufforderung

Es wurde eine LebensStrafe verhängt
ohne deutliche Gründe
Abgründe vielleicht im Erbe
unserer Ahnen nichtmal
zu erahnen waren die Vergehen
auch Sünden genannt
Vorschriften gab es viele

So zahlte denn jeder
von Augenblick zu Augenblick
in jeglicher LeibesWährung
mit tiefen Atemzügen
Seufzern und Stöhnen
Luft mal anhalten erlaubt
Nicht atmen verboten

Herz natürlich war goldwert
geschlagen im Takt
auf Marsch auf Marsch
auf's Herz die Hand, kein Schmerz
sack' bloß nicht weg
Stolpern wurde angenommen
Bittgesuche gab es viele

Und Köpfe rollten

aufgeklärt helle in tausendjährige

Stücke zerbrochen

wieder gekittet gut gesittet

zu niederen LeibesRängen

Kontakt verschwiegen

dafür gab es Befugte


Zumeist Würdenträger

deren Mägen sich erbrachen

und Gekröse sich leerten

fett vollgeschmaust

und Nächte durchgezecht

haben sie doch bis auf die Not

ihre Groschen geblecht


Irgendwann rief ich vernehmlich

ich hab' nix mehr

und wurde vernommen

Verhör vergeblich

Blut und Wasser

geschwitzt und geheult

ich war verausgabt


Aber selbstredend frei

zu zahlen und zu freuen mich
durfte in Sterblichkeit leben ich
über Gräben springen
meine Lieder singen
bargeldlos in Blicken ruh'n
das hatte mit Würde zu tun

Alsbald suchte ich
einen befreundeten
südeuropäisch starken
RosmarinBusch auf
und flehte sehr
bitte sei so herb
wie du nur kannst

Du gedeihst herrlich auf
kreuzritterschwerem Boden
ich brauche bare Münze
und der Busch verschwendete Würze
in Hülle und Fülle
neben sich ein Schild
WaldbrandGefahr

*Christiane Maria Luti*

## Unbescholtenes Blatt

Du unbescholtenes Blatt.
welches ich am Boden
meines leeren Glases finde,
und ich versuche es aufzufüllen mit der
Geschichte meines Schiffbruchs
in guten und in schlechten Zeiten,
aber das Blatt bleibt leer.

Bis du mir deine Geschichte
schreibst
und sie am Grunde deines leeren Glases
gegen das Licht hältst,
damit du sehen kannst.

*Barbara Rossi*

## nimmersatt

sie haben uns für ihre welt erzogen
schön heil und im einheitstakt
bis ihre wahrheit unsere wurde
unser schutz – in abhängigkeit
wir tranken wahrhaftigkeit
für einen hauch von liebe
zuneigung kam als zuckerbrot

sie haben uns gefüttert mit worten
getränkt mit regeln und gesetz
ohne uns satt zu kriegen
der hunger nach respekt
ließ sehnsucht wachsen und
schläge aushalten
für wenige freie worte

nie sahen wir ihre not
die angst anders zu sein
aufzufallen in der menge
die vernichtet

*Renate Haußmann*

21

Harlekin (Barbara Rossi)

## Ich bin ein guter Mensch

Ich bin ein guter Mensch, und ich habe es
bis jetzt nicht geschafft, etwas Unmoralisches
zu tun oder gar zu denken,
aber nun steh ich am Eingang zur Hölle und
muss ein Vergehen vorweisen.
Ich schwimme mich frei, bin schneller als
alle anderen, und früher als der
Morgen stehe ich auf, springe in einen
Bergsee tauche tiefer als alle anderen ein.
Dann rufst du mich so laut: „Bist du ein See,
oder lässt du dich treiben?"
„Stehst du am Ufer und schaust du nur zu?"
Ich bin der Punkt am Horizont, den kannst du nicht
greifen
Die Stille in mir
ist der Vorwurf von dir, das sind die
gebrauchten Tage und Dinge die wir
im Feuer verlieren.
Ich bin ein guter Mensch, und ich habe es
bis jetzt nicht geschafft, etwas Unmoralisches
zu tun oder gar zu denken.
Warum nur jetzt diese Fragen?

*Barbara Rossi*

**mit abstand betrachtet**

die letzten jahre
auch wohlwollend betrachtet
sind nicht ohne wut

*Renates Haußmann*

## Der gute Mensch

Ein gut gemachter  Mensch
ist ein gemachter Mann
Säulen neben sich
oder eine gemachte Frau
hohe Spiegel um sich
immer auf der ZielGeraden
kein Schuh der drückt

Aufbruch war schon als Kind
unterschiedlich bepackt
liefen alle gleichzeitig los
eine abgewetzte
rote LeitSchnur in der Hand
das Wort RichtKultur
laut buchstabierend

Vorgesagt nachgesagt
zertifiziertes Ziel
Schuhwerk mit Diplom
das Tanzen auf Lichtungen
in roten Schuhen
ist sehr schändlich
SeeSeligkeit ebensosehr

Reichlich Markierungen

in verschiedenen Sprachen

selbst schuld wem das Ziel

den Weg verlegt

NebenWege untersagt

frage deinen Nächsten

derliebtdichwiesich


der Nächste bitte

der ist schlecht gelaufen

hat sich krank gelaufen

Blut ist im Schuh

er stößt an GrenzZäune

er hat kein täglich Brot

wer kappt ihm die Fühlung?


Ist mein Nächster blutsverwandt?

Hat er SeeSehnsucht?

Tanzt er auf AbWegen?

In roten Schuhen?

Auf versteckten Lichtungen?

Wut und Blut ist in meinem Schuh

*Christiane Maria Luti*

# FLUCHT

Bild: Schatten (Barbara Rossi)

> Und wir laufen
>
> Was alles läuft
>
> laufen lernen

Bild: Where They Are? (Renate Haußmann)

> vertreibung
>
> Keine Spur
>
> Brief an einen Erfolgreichen

Bild: Hilflos (Christiane Maria Luti)

> Die Farbe Rot
>
> Weiß, graues Blaurot
>
> was wäre

Schatten (Barbara Rossi)

## Und wir laufen

Lass uns laufen
durch offene Felder,
durch offene Täle,
durch offene Schluchte
und Städte.

Bleib nicht stehen,
der Wind, der treibt sein Spiel,
und du liegst wie Regen auf meiner Haut.

Und wir laufen
und laufen
durch offene Felder,
durch offene Wege.

Anzukommen ist mein Ende,
wir sind zwei Fremde auf gleichem Weg,
und du liegst wie Regen auf meiner Haut.

Erzähle mir dein Leben und trage mich fort.
Lass uns laufen kein Weg zurück
 in die geordnete Öffnung,

die sich eingenistet hat,

dass wir es so schwer haben.

Aber du bewahrst mich auf.

Und wir laufen

und laufen

durch  Felder,

durch Wege.

Der Abstand wird  größer,

und du liegst wie Regen auf meiner Haut.

*Barbara Rossi*

**Was alles läuft**

Und sie bewegt sich doch
unsere Welt, das steht fest
sie läuft und läuft und läuft
um dieses ewig
explodierende Gestirn
das da am Himmel steht
und abends untergeht
wenn ich die Blumen gieße
auf meinem Balkon

Ich laufe und laufe und laufe
in meinem sicheren Rad
um das andere mich beneiden
gute Ordnung um mich herum
und ich bleibe, wo ich bin
lausche ins Abendrot -
war da eine Detonation
während ich die Blumen gieße
auf meinem Balkon

Woher die Blumen kommen?
Ich weiß es nicht

weil alles migriert

immerfort ohne Unterlass

rund um die Welt

Äpfel, Birnen, Bananen

Rollmöpse, Saucen, Suppen

Petersilie, Kaffee, Krabben

Kekse, Käse und Schnittlauch


Das integriert mit Aufstoßen mein Bauch

abends auf meinem Balkon

Das Wasser für die Blumen -

Quellen, Leitungen längst verkauft

das wußtest du schon?

gemütlich ist das nicht

doch Verdauung muss sein

im Kopf, im Gemüt, im Geblüt

Klamotten, Karotten, Kultur


Arbeitskräfte, Kekse, Klischees

vor allem Koks und Kalaschnikows

apropos, das sind die Renner

verlangt in fernen Krisenherden

verlässliche Dauerbrenner

das wusstest du schon?

Bringen Kohle der ganzen Nation
Was ist mit den Blumen
auf meinem Balkon?

Immer mehr Menschen
seh' ich laufen und laufen
weg von Kampf und Kugelhagel
von HerzZerreißen
vertrauen sich an
es tut weh -
Seemannsbraut ist die See
wer überlebt schaut mich an
und meinen Balkon

Die Blumen brauchen Wasser
das liegt wie Tränen
auf unserer Haut
warum, woher, wohin
was weißt du schon?
weiß ich's
warum ich so traurig bin
auf meinem kleinen Balkon?

*(Christiane Maria Luti)*

## laufen lernen

kann nicht fliehen

bin gefesselt

eingekesselt

von eigener haut


kann nicht wegsehen

bin zu nahe dran

getrieben

von furchtloser neugier


kann nicht  leugnen

bin zu weise

leben von generationen

rinnt durch mein blut


kann nicht bleiben

bin getrieben

doch deine hoffnungen

dringen durch meine poren


*Renate Haußmann*

Where They Are? (Renate Haußmann)

## vertreibung

da war diese ahnung
fetzen von wahrheit
aus werbebotschaften
in druckerschwärze gehüllt
merkmal seröser
informationen

da war diese spur
pflanzensaat und pflastersteine
auf eingezäuntem grund
im trash
der industrieruinen
verborgen

da war diese sorge
in den gesichtern der gestrandeten
dünne wurzeln
mit hoffnung gedüngt
zittern im auge der
immobilienhaie

da war diese Erinnerung
nicht tief genug vergraben

aus frischen wunden

fließt das blut

unfassbarer geschichten

der ahnen


da war dieser blick über den fluss

die wahrheit strahlt

aus leuchtenden betonikonen

eine frage der zeit

bis sie sich am anderen ufer

spiegeln


da war dieses flehen

in den augen der nachbarn

die in meinem lächeln

nach einem ausweg suchten

unter dem schutz einer

schuldigen


*Renate Haußmann*

## Keine Spur

Und ich hatte keine Ahnung
noch eine Spur,
mein Tag war Lachen,
ohne Vergangenes und
mein Blick ging hin zu dir.
Ein Kindergesicht, voller Falten.
Ich rufe deine Spiele hervor und wir bedürfen nicht
derselben Sprache,
nur für einen Wimpernschlag
unterbrechen wir dein Recht auf Heimat.
Was haben deine Eltern beschlossen?
Du flüsterst durch die Tür Dinge, die ich wissen
sollte.
und ich höre mit und lausche den Dingen,
die ich schon immer wusste.
Dann kommt die Angst, und ich wünsche dir
einen Verzicht auf Rache, Vergeltung,
und dass du eines Tages nach
Hause findest und zurück zu mir.

*Barbara Rossi*

## Brief an einen Erfolgreichen

Du sagst du musst sofort aufbrechen

wohin denn und was
brichst du auf?

Sieh' an, dein Weg lässt sich ebnen
und gewiss kommst du an
während du wähnst
die Siegel zu brechen
und abzuwerfen die Bürden
deiner schwerwiegenden Seele

Oh, wie leichthin wirst du heimatlos

schwerelos verbirgst du
dein Lossagen

Doch in welche Gewölbe
drückst du die alten Lasten?
Ich sehe Salz in deinen Augen
das treibt der Schweiß hinein
in dein Gesicht, das tränenlos glänzt
drängt Bedeutung

Wem gehst du blicklos entgegen?

Wem sagst du dich
stimmlos zu?

Keine Träne
für den erfolgreich verschnürten
und abgeschobenen
Obdachlosen in dir
Du wiegst deine Lust am Verlust
Und wieviel darf es denn sein?

Du bist ja ganz krumm -
vom entsorgten Sack
auf deinem Rücken?
Ach, wen kümmert es schon
der MaßSchneider in dir
ist doch nicht dumm

*Christiane Maria Luti*

Hilflos (Christiane Maria Luti)

## Die Farbe Rot

Kein WolkenVerhang
verbirgt der AbendRöte den Blick
auf unseren rot laufenden ErdBall

es bieten die Wälder
auch die Meere
nicht Schutz

denn die Wasser
teilen sich nicht
wie in der Mythe

Die Flehenden
branden an
wie eine SturmFlut

vergraben mit hohlen Händen
ihr erloschenes Hoffen
vor unseren Füßen

und schwachen Händen
gebunden von trägen Maschinen
die nicht verkraften

Zu voll, zu viele, zu fordernd
ächzen sie und
nummerieren unsere Plätze

So eng geht nicht
rufen wir
die Luft wird knapp

konnten keine Kräfte sammeln
an den Küsten
mit preiswertem AbendRot

unser Herd darf nicht erkalten
seine Glut gibt Brot
kein Grund zu erröten

*Christiane Maria Luti*

## Weiß, graues Blaurot

Landzungen aus grünen Flächen, bekannten sich
mit Moorrändern.
Wetten mit Farbgeschwistern abschließen um Land
und Brot.
Weiß grinst so laut, dass du aufstoßen musst von
dem Schwall guter Laune, der kleine türkise Rand
träumt vom Westen.
Öffne die Augen! Und gib auf!
Die Deckkraft von Farben ist nicht zu unterschät-
zen,  bei Licht bewegst du dich so schön.
Landzungen aus grünen Flächen, bekannten sich
mit Moorrändern.

*Barbara Rossi*

## was wäre

was wäre
wenn es leise wird
und wenn es aufhört zu brausen
würde das leben weitergehen?

wenn es leise wird
mag ich mich noch hören?
würde das leben weitergehen
wenn ich auf den grund schauen müsste?

mag ich mich noch hören
wenn die worte ohne echo sind?
wenn ich auf den grund schauen müsste
könnte ich dich dann sehen?

wenn die worte ohne echo sind
und wenn es aufhört zu brausen
könnte ich dich dann sehen?
was wäre

*Renate Haußmann*

## LIEBE UND VERRAT

Bild: Seegang (Christiane Maria Luti)

      Wie Glück ist

      wunschlos oder glücklich

      Anlehnen


Bild: Ohne Titel (Barbara Rossi)

      Der letzte schönste Tag

      nie wieder

      Für die HalbVerlorenen


Bild: Still Black (Renate Haußmann)

      ein sonett von lug und trug

      TreffPunkt

      Für die Hoffnungsvollen

Seegang (Christiane Maria Luti)

## Wie Glück ist

Wie war es noch?

Was für ein Geschick spielt
zwei Hände einander zu
die sich anfangs nur leicht berühren
und dann ein Gleiten, ein unaufhörliches
in Bewegung bringen
so unverhofft und so stark erfassend
dass es ihre Körper ineinander wirft
die sich nie mehr lösen können
in einem Sturm empor wirft
hinein in die Gestirne,
deren Bahnen ihre werden
wo sie staunend schauen
wie sie das Ganze durcheilen
im Erleben eines Gesetzes
das sie von allen vordem enthebt
und das sie bis an den Rand erfüllen müssen
lachend weinend suchend spielend
weil sie teilhabend sich finden
an der tiefen Bewegung aller Lebendigkeit
die den hohen Schwur in die Blicke treibt

auf die Lippen über die Haut hin

Ja so war ihr aufstürzender Beginn


Was war dann?


Er tastet sich irgendwann zurück

von woher er aufgebrochen ist

von woher er ausgebrochen ist

er folgt seiner Not von innen

denn er hatte das Gold

schon getauscht

mit einer anderen

Dieses Gesetz ist gezeichnet

beglaubigt von vielen

und wird es kalt

und zeigen sich Risse

verwindet und verstrickt er

das hält stark und wärmt.


Er bricht nichts doch sein hartes Brot mit ihr


Wie ist es?


Den reinen Wein teilt er weiter mit mir

Ich habe ein Haus
und muss hinaus

wo die Klippe springt
mit dem Wasser ringt

dort bin ich allein
manchmal zu zwein

entbirgt die Gischt
unser DoppelGesicht

weine ich nicht
es ist Glückes Pflicht

es ist Glückes Pein
inmitten zu sein

*Christiane Maria Luti*

## wunschlos oder glücklich

spieglein spieglein an der wand
schaust an mir vorbei ins nimmerland
trau dich mir in die augen zu schaun
wie soll ich sonst mir selbst vertraun

spieglein spieglein an der wand
die wahrheit liegt in deiner hand
lässt mein antlitz milchig verschwimmen
in der hoffnung erkenntnis zu dimmen

spieglein spieglein an der wand
deine macht ist äußerlich
ich schau in dich hinein
und erkenne mich nicht.

spieglein spieglein an der wand
ich mach mir freud und leid zu eigen
und lass deinen verzerrten blick
in den wellen treiben

*Renate Haußmann*

## Anlehnen

I

Nichts ist geschehen.

Aber das Spiel ist aus.

Ein Krämer, der sich in Nischen setzt

und einen Kuchen auf das Glück backt,

das dir näher war, als du ahntest,

wie die Schreie der Möwen,

die sich auf Touristen stürzen, die dann, weinend

in der Hauptstadt zurück,

behaupten, nichts sei geschehen.

Aber das Spiel ist aus.

Mann und Spiegel suchst du vergebens,

all das liegt nicht in deinen Möglichkeiten,

die sich auf Autonomie erstrecken.

Ganz oben.

Ganz unten stellst du dir hin und wieder ein Bein,

lehnst dich an Wände, die sich dir bieten.

Aber stehen bleiben willst du nicht.


II

Der Guss aus Zucker,

der sich um deine Waden legt,

sodass du schlingerst und tief fällst,

und man dich für lange Zeit rufen muss.


So ähnelst du meinem Teddy,

zusammengefallen, dreckig blinkendes, abgeschab-

tes Fell.

Rosa und weiß das Ohr, ohne Narkose angenäht.

Ganz oben. Ganz unten stellst du dir hin

und wieder ein Bein und lehnst dich an Wände, die

sich dir bieten.

Du bist mir Stimme geworden wenn ich Gärten

umgrabe,

und auf die Ernte am nächsten Morgen warte.


Aber nichts ist geschehen und das Spiel ist aus.


*Barbara Rossi*

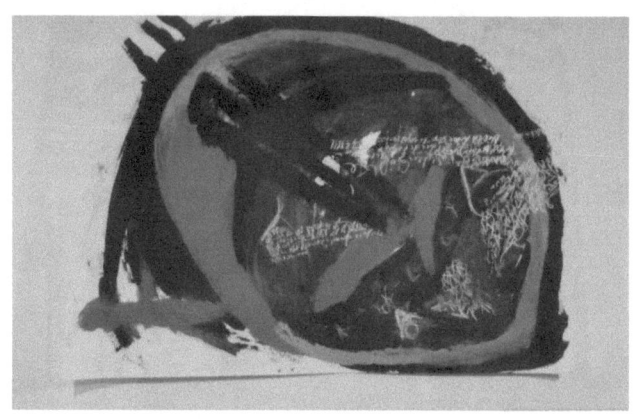

Ohne Titel (Barbara Rossi)

## Der letzte schönste Tag

Ich würde dir meine Liebe geben bis hierher und
noch weiter.
Wir schreiten zur Schlucht, zum Gipfel, je nachdem,
fallen ins Tal der Namenlosen,
und fragen uns: „Bist du okay?"


Komm, lass mich dir sagen,
das neue Leben steht an der Tür.
Und auch, wenn du schweigst,
bleibe ich ruhig.
Damit ich mich hören kann.
Nach all den Jahren der Träume und der Tränen,
die ich verloren und vergossen habe, weil du mir so
fehlst.
Mein Sehnsuchtsort ist Paris, da komm ich her.
Du aber aus Oer-Erkenschwick.
Am Ende einer Generation von Erdarbeitern,
die in der Hitze der Nacht
die Sterne von morgen hochholen,
so, dass du lachst, als wäre es ein Comic, der sich
aus dem Nichts zeichnet,
als sei es ein Kapitel aus einem Buch,

das sich so liest wie das Sakrament der Salbung,

über den Schmerz, den die Verbannten tragen,

so hell, dass du dich verbrennst und weinst und
vergisst,

dass es etwas Heiliges ist.

Und ich glaube, dass du weißt, wovon ich spreche,

die kleinen, flüsternden, schwebenden Blasen zwi-
schen uns,

du kannst sie greifen, sie raunen dir zu:

Wähle mich.


*Barbara Rossi*

**nie wieder**

ich schaue euch hinterher
mit blick über die wiese
in eure seelen die sich berühren
anders als eure körper
die nebeneinander verkehren
solange ihr mich im rücken spürt

solange ihr mich im rücken spürt
beheizt das verbotene verlangen
eure (neu-)gier
der verrat beflügelt
den unsäglichen wunsch
sich meiner zu bemächtigen

sich meiner zu bemächtigen
im spiel mit dem feuer
wenn ihr euch aneinander reibt
mit schwefeltriefenden atem
um mich zu vernichten
für einen kurzen moment des sieges

für einen kurzen moment des sieges

ist der preis nicht angemessen

ihr hofft dass ich herunter steige

vom thron auf den ihr mich gehoben habt

doch ich bin nicht so biegsam

wie ihr geschmeidig seid


doch ich bin nicht so biegsam

meine stärke ist gewachsen

tief verwurzelt

mit erkennbaren jahresringen

und verletzbarer rinde

berührbar von warmer weicher erde


*Renate Haußmann*

**Für die HalbVerlorenen**

In der Qual
stürzt das Tal

stürzt tief
der Wende entgegen

Rätsel noch
dem SchattenAuge

stürzt bis
zum Wasser der Sohle

Quell ist es
und sei er geweint

Strömen beginnt
gewinnt Fahrt wie's mus

Leben
lieb Leben dein Kuss

*Christiane Maria Luti*

Still Black (Renate Haußmann)

*Aus der Sammlung F. Peters, Hamburg*

## ein sonett von lug und trug

die nachricht peitscht in die stille
das halleluja bleibt stecken in den kehlen
es ist nicht volkes wille
wenn sie harlems seele stehlen

auf der kanzel zweien sich die stimmen
wie einst von martin luther king und malcom x
draußen beginnen sie die lichter zu dimmen
da ist eine ahnung aber sie verstehen nichts

schon reihen sich die limousinen
weiße männer umrahmt von hausruinen
versprechen zukunft und nur das beste

unter clintons weißer weste
versteckt sich mephistos zaubertrank
am bildschirm riecht man nichts von dem gestank

*Renate Haußmann*

**TreffPunkt**

kein Lug
zu hören das
ZeitLupenSirren

des Pfeils
der Kugel
untrüglich

schlagend
in den Leib da
wo's Herz sich bäumt

das Hirn
den letzten
Traum geträumt

*Christiane Maria Luti*

**Für die Hoffnungsvollen**

(Barbara Rossi)

Wahrheit

betrachtet durch

fraktale Strukturen in

Europa und den USA

Verhandelbar?

## JA, SO IST ES

Bild: Der Weg ins Licht (Renate Haußmann)

      im licht der endlichkeit

      Das  Unvermutete

      November, nur wärmer


Bild: Regen (Christiane Maria Luti)

      Regen

      Lucky at Heart

      ausgelöscht


Bild: Der Kreis (Barbara Rossi)

      Oh Emily

      starke frauen

      Viel

Der Weg ins Licht (Renate Haußmann)

## im licht der endlichkeit

es ist wie es ist

meine großmutter

hat die schüssel

zwischen die schenkel

geklemmt

ein sicherer ort

für bohnen die

nun den faden verlieren

genau wie wir

denn

der tod hat sich

eingeschlichen ohne

unser zutun ohne

unseren willen

hat sich zutritt genommen

mit dem selbstverständnis

entfernter verwandter die

nur vom hörensagen

bekannt waren

und nun ihr recht einfordern

mit der stimme des

blutes

es kann nicht sein

höre ich  mich

sagen

mit blick

auf den großvater

der starke

der beschützer dem

das tröstende lächeln

einfriert

bis glitzernde

eisperlen

über sein gesicht rinnen

in denen sich

bilder einer achtjährigen

spiegeln

ein wirbelwind

ein tausendsassa

im siebten himmel

mit leuchtenden augen.


irgendwann

war es wieder da

das licht

derer

die erinnerung hüten

die reicher wurden

durch verlust

und sich wiederfinden

im kreis

jener

die sich erkennen

sich blicke schenken

spürend

wissend

dass sie einen schatz

besitzen

für den es sich lohnt

zu sein

ihn zu bewahren

bis zur endlichkeit

*Renate Haußmann*

## Das Unvermutete

Erinnerung

so sagen wir

sei ein Licht

zu hüten wie ein Schatz

im Kreis derer

die sich mit RückBlicken beschenken

in denen Erkennen liegt

und Wiederfinden


sich einfinden auch

dort im leeren Raum

den ein Gegangener

uns geöffnet hat zur Gestaltung

Werkstatt und Heiliges zugleich

wo Verletzte ruhen

andere sich sammeln

und GedankenGaben niederlegen


was ist mit mir

mich hat das Unvermutete

getroffen und fortgetragen

aus meinem Garten

in jenen Raum geführt

in dessen Mitte ich nun

Arme voller Blumen lege

es brennt  sein Licht


*Christiane Maria Luti*

**November, nur wärmer**

Erinnerungen sind gepackte Koffer,
da sitzt du drauf, geht es weiter,
willst du das Gewicht deiner Koffer bestimmen.

November, nur wärmer.
Mal kurze, mal lange Tage.

Sie verstrichen
wie Wolken.
Wie Sonnenstrahlen.

November, nur wärmer,
mal lange, mal kurze Tage.

Und du wartest auf die Nachrichten,
die ein Ankommen ankündigen.

So verliest du deinen Koffer neu:
1 Kamm, 2 Paar Socken und Grillanzünder,
1 Foto von Kermit, dem Frosch,
etwas, was dich ausweist.

August, steigende Temperaturen.

Dezember, ganz kalt.

Mai, so mild

Und der Koffer ganz leicht.


*Barbara Rossi*

Regen (Christiane Maria Luti)

# Regen

Heute schütten sich WasserMassen
immer wieder betäubend aus
zwei Meter weite Sicht
zu hören nur TrommelWirbel
mir willkommen
bringt Regen doch Segen

ich geh' spazieren
nicht im Regen
nein, in mir selbst
allein müsst' ich
nicht sein
hab's aber so gewählt

ich schleiche mich vorbei
an der Gemeinschaft der Einigen
mit ihren anerkannten MarkenZeichen
entwische sogar meinem Gefährten
und schlage den Weg ein zum Überblick
es geht bergauf und mir wird warm

raus aus dem engsitzenden ZeitShirt

werfe ich es mit den LaufSchuhen ins Gebüsch

jetzt bin ich freier

WolkenBerge liegen unter mir

die pressen in langen Wehen

weiter ihre WasserKöpfe raus


sollen sie die Welt erobern

Regen bringt Segen

nun kommt wilder Wind entgegen

verschlägt mir die Sprache

der Weg ist weg

keine Markierungen mehr


barfuß in feuchter Erde und Geröll

halbnackt im Gestrüpp

muss ich suchen, kann nicht rufen

die alten Worte haben mich

im Stich gelassen, weil sie nicht passen

lacht mich nur aus

ich finde meine PassWörter noch

und dann nach Haus


*Christiane Maria Luti*

**Lucky at Heart**

Die Musik spielt auf,

ein Wendepunkt,

der Lautsprecher knackt.

Aber wohin wenden?


Vielleicht sollst du Täler und Gipfel erklimmen,

die zuvor unbekannt waren?

Vielleicht zählst du deine Besucher,

die wilden Winde, die über dich hinwegbrausten

mit dem Regen weggewaschen wurden.

Nie Zeit, um Wurzeln zu schlagen.


Das ganze Gerede darüber,

so viel Staub liegt auf deinem Weg.

So läufst du weiter, barfuß

in feuchter Erde und im Regen.


Stehen gelassen erkennst du,

wie golden  Schnelllebigkeit ist,

die keine Einsamkeit bedeutet,

sondern ein Tasten und Suchen;

in fremden Formen,

die keinen Zweifel zuließen,

sondern nur

den Blick in den tiefen, klaren See.


*Barbara Rossi*

## ausgelöscht

die gedanken kreisen
um zahlen
«falsche pin bitte versuchen sie es noch einmal»
pochen in den ohren
feuchtschwüler haaransatz im nacken
noch ein versuch
«ihre karte wurde eingezogen bitte wenden sie sich
an ihre bank»
vier zahlen die wie eingebrannt schienen
ausgelöscht

das passwort
als garantie für kaufbare teilhabe
ist geheim
«prägen sie sich bitte ihre geheimzahl gut ein und
vernichten sie dieses schreiben»
und zu nichts nutze
wenn es nur in einem selbst vergraben ist
der preis für absolute kontrolle
leblose virtuelle scheinsicherheit

du fragst dich

ob es an der zeit ist

ins risiko zu gehen

auf vertrauen zu setzen

und das passwort teilen


es sind doch nur zahlen

die sich der erinnerung verweigern

oder ist es das zeichen

der wende

das ende des ewigen kampfes

um die eigene stimme ohne echo

beginnt nun die zeit

des friedens


*Renate Haußmann*

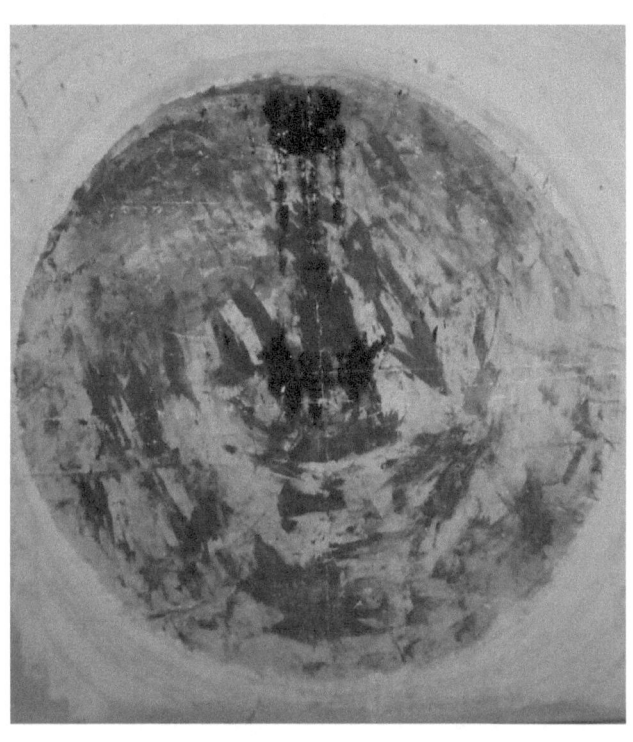

Der Kreis (Barbara Rossi)

## Oh Emily

Leg' alles auf die Waage,
Du weißt schon wie.
Ein Urteil, schnell geschrieben.
Der Himmel, er bleibt still.

Jeder lacht, spielt sein Spiel.
Ein jeder läuft zum Ziel.

*Barbara Rossi*

**starke frauen**

kämpferisch gegen den sturm der zeit

leidenschaftlich für die sache

verloren für sich selbst


der lohn ist ein funke im hier und jetzt

der bleibende wert ist die stimme

die nie versagt


ich wohne im haus der möglichkeit


*Renate Haußmann*

**Viel**

heute lag mein Garten

nah am Meer

weit geöffnet

unbändig treibend

maßlos schön

sommerwild

so hab' ich ihn gesehen

auch wenn der Himmel

still blieb  über ihm

er wäge, was er will

der AugenBlick

ist mein

ZwischenRäume

LückenGewirr

Unwägbares

mag sein

der eine Blick aber

ist immer mein

*Christiane Maria Luti*

## WAS WÄRE WENN

Bild: Wir Zwei (Barbara Rossi)

> Was wäre wenn
> Wasserzeichen
> wenn sich der himmel öffnet

Bild: Way To Moma Queens (Renate Haußmann)

> wenn monet in queens geblieben wäre
> Räume zeichnen
> AlltagsJammer

Bild: Hautnah (Christiane Maria Luti)

> Von der AllGegenwart
> Sterne sind mir schnuppe
> sternschnuppen

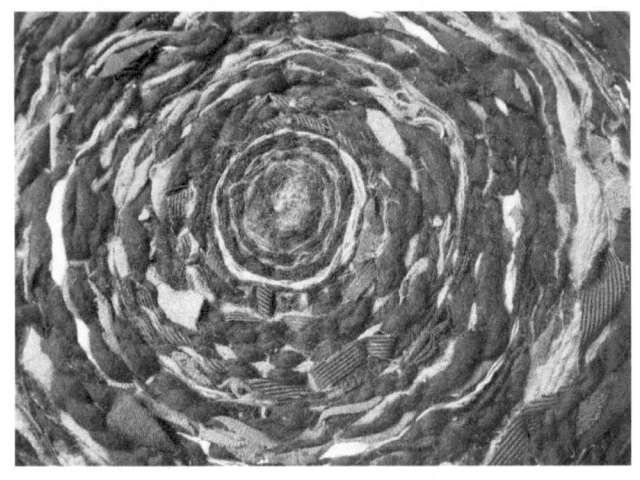

Wir Zwei (Barbara Rossi)

## Was wäre, wenn

Was wäre, wenn
wir den Mund nicht mehr öffnen könnten?
Kein Ton unsere schmalen Lippen passierte?
Kein Traum in Erfüllung ginge?

Was wäre, wenn
sich Landschaften und Wortpaare bildeten,
die kein noch so zartes Band knüpfen könnten?

Was wäre, wenn
deine Ohren mehr hörten,
als sie hören wollten?

Was wäre, wenn
wir schweigen könnten
mit dem Meer der Worte, die in unseren Kopf branden,
wir keine Antworten erwarten würden?

Was wäre, wenn
wir glücklich sein könnten?

*Barbara Rossi*

## Wasserzeichen

Gestern Nacht
fand ich in keinen Traum
und ging ans Meer

dort war mir
als hörte ich mit meiner Haut
und meinem Haar

wie Undine rief
nur den einen nichts als den einen
Kuss wollte sie zurück

den, der ohne
alle Fragen war
von ihr gegeben und von ihm

Wasserzeichen
anders ließe sie ihn niemals
zieh'n

ihr Rufen rollte
und schlug immer wieder ohne Echo
an den Strand
*Christiane Maria Luti*

## wenn sich der himmel öffnet

ja so ist es
wir könnten uns begegnen
an der kasse im supermarkt
wenn es der zufall will

ja so ist es
du könntest mich berühren
als wäre es das erste mal
wenn du meine sehnsucht hörst

ja so ist es
wir könnten singen
einig im meer der stimmen
wenn sich unsere lippen öffnen

ja so ist es
wir könnten schweigen
im einklang unserer selbst
wenn du bleibst

ja so ist es
wir könnten singen und schweigen
uns begegnen und berühren
wenn du mir die hand reichst

*Renate Haußmann*

Way to MoMa Queens (Renate Haußmann)

*Aus der Sammlung F. Peters, Hamburg*

## wenn monet in queens geblieben wäre

gefühlte fünf mal drei meter seerosen
achtzehn quadratmeter für geschätzte 600 millionen
sollten sie es in ein auktionshaus schaffen

das ist schon mal ein schinken
und kaum platz dafür mitten in manhattan
angemessen wäre ein ganzer raum
man muss ja mal
die perspektive wechseln können und
dann sind auch noch die anderen da
climt picasso und dali
jackson pollock und piet mondrian
da platzt es sich leicht aus allen nähten

aber warum ausgerechnet queens
dort wo die metro oberirdisch geführt wird
und die schmutzige seite von new york preisgibt
kein gelbes taxi findet sich hier
im niemandsland
abseits der durchfahrtstraßen
zum flughafen und oder den flushing medows

und nun zieht monet dort ein

in ein rohes fabrikgebäude

die seerosen bekommen eine wand für sich

zum trost


ab court sqare

wird die linie 7 auf hochglanz poliert

kurz vor rawson street brooklyn blvd.

schimmern vier weiße buchstaben

durch wut-zerkratzte scheiben

genau fünfzehn sekunden lang: M O M A

als sinnbild von bewegung

für die menge

die ungewohnt von oben nach unten steigt


ungläubig dass sich über nacht

dieses *no go* zum *hotspot* entwickelt hat

steigen sie in den shuttlebus

und sind selbst schon teil

der metamorphose

weil die kunst grenzen öffnet und

geld fließen lässt

wenn erst die schwelle niedrig genug ist

zum angebot der straßenhändler

drei jahre exil der seerosen

reichen für den bau von

restaurants und coffeeshops

und für das schulgeld der kinder

deren eltern zu dienstleistern wurden

ohne zu ahnen dass monet ihr gönner ist

und dieses eine bild als nachlass genügte

um die flut der hörigen nicht abreißen zu lassen

solange

bis das quartier mit starbucks geadelt wird


ich stelle mir vor

es blieben nur zehn zentimeter im quadrat

aus der rechten unteren ecke

mit dem blau in dem sich sehnsucht spiegelt

als brücke für anstand zwischen

11 w 53rd st, manhattan

und 33rd st queens blvd.


*Renate Haußmann*

## Räume zeichnen

Gezeichnete Räume
mit gestanzten Wolken
in einem gemalten Strand.

Gedruckte Noten
aus einer Bank.

Fotografierte Menschen
Von Malers' Hand.

*Barbara Rossi*

# AlltagsJammer

Ich sitz' herum
in dicker
ZwiebelSchale
und die muss weg
zetere ich von Mal zu Male
besonders wenn
ich geh' ins Atelier

zu malen in diesem
bissigen TagVerband
gezähmtes HoffnungsBlau
eingemischtes Grau
bisschen SehnsuchtsCölin
zwei qm immerhin
ohne Rosen drin die See

nächtens dann
hab' ich an ein Hemd
ich kenn' es nicht
vielleicht  second hand
wenn mir der Traum
die nackte Haut verbrennt
böse Wunden kühlt die See

*Christiane Maria Luti*

Hautnah  (Christiane Maria Luti)

## Von der AllGegenwart

Nach  kühlem Morgen mit viel Tau
und noch einmal einer großen Sonne

werfen sich bei Nacht
unermesslich die Sterne übers Land

ich steh' am Fenster, verhalten atmend
sehne mich nach Öffnen aller Grenzen

höre zugleich die schwarzen Föhren seufzen
wenn sie wiegend ihren harzigen Duft

wolkenweise zum Himmel schicken
alles ruht erschütternd schön

und zeigt mir nicht seine FeuerMeere
seine schwarzen Schlünde

seine UrSuppen  und PlanetenGeburten
gibt niemals ein Zeichen, wo ich stehen könnte

die ich doch selbst  AllRaum in mir trage
worin ich blind schwimme


gehalten von einem uralten Faden
der sich über Tiefen des Kleinsten wendelt


so spinnt sich's von Beginn zu Beginn
bis zum innigsten Urknall


wenn mich das schwankende Schwarz
deiner Pupille mitten im AllTag findet


DuEreignis
lebendiges Jetzt


es bricht der Stein in meiner Hand
eine Feder schmiegt sich los


*Christiane Maria Luti*

## Sterne sind mir schnuppe

Dem großen Bär
jage ich nicht hinterher,
im Osten brach ich auf,
lag an den südlichsten Stränden
mit langen Listen in Druckschrift in den Händen,
fuhr mit einem U-Boot zur Eisbergdisko,
aber Smillas Gespür galt nicht mir.

Ich laufe lieber meinem Schicksal hinterher,
schneller als ich biegt es um die Ecke,
mit langen Listen in den Händen,
kein Kommentar vom Himalaya zu meinen
Schweißperlen,
denn Smillas Gespür galt nicht mir.

Sterne sind mir schnuppe,
im Westen endlich
ging mein Stern unter,
und weise wie ein Stein
schlief ich ein.

*Barbara Rossi*

## sternschnuppen

wenn schon ein stein in deiner hand zur feder wird
und das schicksal den lauf der zeit überholt
wie überwältigend ist dann die kraft des lebens
das in all-einheit liebe gespeichert hat?

das kraftwerk produziert feuerweiße eiskristalle
die wir mit jedem atemzug ins universum entlassen
es grüßt zurück mit hellen schnuppen
die auf ewig unsere hoffnungen hüten.

*Renate Haußmann*

## NICHTS BLEIBT

Bild: Zeitlich (Christiane Maria Luti)

      Volksliedlein

      jetzt

      Anleitung zum Umgang mit Erinnerungen

Bild: Durch die Luft (Barbara Rossi)

      Nichts bleibt stehen

      re'sumé

      Blau

Bild: Last View (Renate Haußmann)

      kreislauf

      Hautnah

      Der viele Schnee

Zeitlich (Christinane Maria Luti)

**Volksliedlein**

Bimbambum
Zeit ist um

Zeit ist da
Zeiger geht

Mensch gedeiht
Zeitung schreit

Mensch holt Luft
und er läuft

oft zu weit
Zeiger steht

Knospe zu
Knospe auf

bimbumbam
Zeit fängt an

*Christiane Maria Luti*

## jetzt

geborgte zeit

bringt nicht weit

kein schuldner in sicht


verlorene zeit

vergebliche suche

sinnloser finderlohn


gelebte zeit

proviant für danach

unverbrauchbares gut


*Renate Haußmann*

## Anleitung zum Umgang mit Erinnerungen

Nichts als Zeit

die du hast

und mit komischen Vögeln verbringst,

die Geschichten sind

auf dem Scheiterhaufen deiner Erinnerungen.

Und es brennt in deinem Herzen,

sie lebend gehen zu lassen.

*Barbara Rossi*

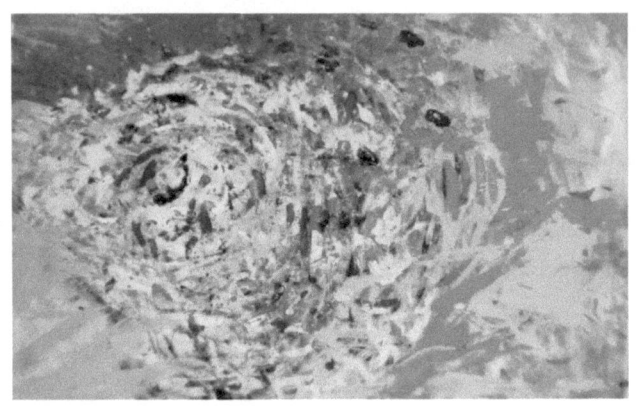

Durch die Luft (Barbara Rossi)

**Nichts bleibt stehen**

Ein Aufleuchten
am Himmel in sternenklarer Nacht
erinnere dich
an eine Sehnsucht
aus vergangenen Tagen.


Der Herbst war gekommen
und du überrascht
von der Gleichmütigkeit
der Dinge.


Freeze me,
das gab es nur in den Filmen,
die in den Jahren,
über die Mattscheiben flimmerten.


Morgen bist du ein anderer,
und Übermorgen ein anderer von vielen.

Nächstes Jahr sind diese Worte ein Aufleuchten
am Himmel in sternenklarer Nacht.

Eine Sehnsucht nach vergangenem Verlangen.

*Barbara Rossi*

## résumé

blau ist die sehnsucht
ich hätt so gern ein haus hier
dann säße ich am fenster
und schaute aufs meer

blau ist die liebe
ich hätt so gern einen schatz hier
dann läge ein boot im hafen
und wir führen übers meer

blau ist die treue
ich hätt so gern ein denkmal hier
dann wäre ich aus stein
und blieb für immer am meer

blau ist die hoffnung
ich vergaß die endlichkeit hier
nichts ist für ewig
im sturm verschlingt mich das meer

*Renate Haußmann*

## Blau

Ich wünsch' mir
in sternenklarer Nacht
einen Tisch ganz nah am Wasser
vor mir Spaghetti
mit Tomatensauce und Basilikum
wie gemalt
und verzehre sie genussvoll

da kommst du und singst
wenn die Farbe blau nicht wär'
gäb' es keine Sehnsucht mehr
wo die mich doch
verzehrt
in sternenklarer Nacht
nah am Wasser

ist Blau
nicht überall
warm und kalt eingemischt
mal mehr in blauen Wundern
mal weniger in Spaghetti
mit Tomatensauce
satt in sternenklarer Nacht

ach, ich schreib' dir

mit blauer Tinte

was ich glaube

ins Meer

Vergissmeinnicht

Blau bleibt

sogar wasserlöslich


*Christiane Maria Luti*

Last View (Renate Haußmann)

**kreislauf**

der duft des sommers
entfesselt meine seele
nun kommt ihr bienen

*Renate Haußmann*

## Hautnah

Deine Grenzen -
kenne ich meine?
Was kann ich verlieren
was geben?

Immer mein
nacktes Leben
mit Haar
ohne Haut

die gilt es
zu retten
für den Fall
dass wir weiter

notgedrungen
erblinden
und ertauben
nur noch

dem Herz
erlauben

zu schlagen

Puls zu halten


im Schmerz

ertastet

uns haarfein

Farben und Töne


die Haut

sie wahrt uns

die Welt

sie verliert nichts


*Christiane Maria Luti*

**Der viele Schnee**

Ich versprühe mich

ist das Glas leer

bin ich bereit, es aufzufüllen

das bin ich - offensichtlich

doch hat der Apfel Kerne?


Der Duft des Regens

besucht meine Sinne

der Geruch des geschnittenen Grases

lockt die Bienen

der Kreislauf des Lebens küsst mich.

Geht das immer so?


Der viele Schnee kam vom Osten

lege ich mich hin?

Oder tanze ich im weißen Kleid

durch die menschenleeren Straßen,

an diesem einem Tag?

Dann und wann interessiert der Firn von gestern

in den Maps unseres Lebens.

*Barbara Rossi*

## DIE AUTORINNEN

**Renate Haußmann**
«Ich hab' Lyrik in mir». Mit dieser Entdeckung bin ich während des Studiums des biografischen und kreativen Schreibens zur Wortsucherin und Wortfinderin geworden. Eindruck bekommt Ausdruck und immer geht es gleich um alles. Innen wird nach außen gekehrt, bläht sich auf mit aktueller Wahrnehmung, um dann ohne Punkt und Komma in die Wirklichkeit der Leserinnen und Leser einzudringen. «

Renate Haußmann ist Dipl. Sozialwissenschaftlerin, Master of Biografical and Creative Writing und Autorin. Sie leitet das Institut Schreibweise Hamburg und engagiert sich mit Leidenschaft für die Verbreitung des Kreativen Schreibens zur Entwicklung von Ressourcen (Resilienz); als Interventionstool in gesellschaftlichen Handlungsfeldern (Diversity); zur Optimierung der beruflichen Schreibkompetenz und zur Anstiftung von Selbstbestimmung (Prävention und Selbstsorge).
www.schreibweise-hamburg.de

**Christiane Maria Luti**

Ich lebe in Hamburg und bin in Europa zu Hause. Seit je suche ich die Naheinstellung, das persönliche Zwiegespräch mit meinem Gegenüber, sei es ein Mensch, ein Tier, eine Landschaft oder eine Idee. Dann öffnen sich mir Räume zum Spiel mit den Formen. Eine Gestalt bildet sich allmählich, davor liegt ein dichtes Gemenge unterschiedlicher Kräfte aus verschiedenen Quellen.

Viele Jahre war ich als Ärztin tätig. Es war eine intensive Zeit, in der ich Menschen begegnete, denen etwas fehlte, die sich oft in existentieller Not befanden. Die Eindrücke waren stark, doch mangelte es mir damals an Zeit für einen angemessenen Ausdruck des Erlebten.

Nun arbeite ich seit zehn Jahren als freischaffende Künstlerin. Das bedeutet ein Wagnis, eine Herausforderung, und ist eine ständige Suche nach neuen Wegen

www.luti-bildwerke.de; cm@luti-bildwerke.de

**Barbara Rossi**
Nichts packt
mich mehr als
das Unbekannte,
ein leeres Blatt,
ein neuer Weg,
eine Möglichkeit.
Und schon plat-
zen die Wörter gleich einem Regen auf mein Pa-
pier. Sie klingen nach, wie ein Lied das ich höre.
Aus Wörtern werden Melodien. Ich bewege
mich aus mir heraus und wieder zurück. Auch
das kleinste Teil fügt sich ein und gewinnt an
Bedeutung. Ein Gedanke trifft den nächsten;-
darin liegt der Zauber der Resonanz. Alles bleibt
in Bewegung und wir bewegen uns aufeinander
zu.
Barbara Rossi ist Autorin und bildende Künstle-
rin. Ihre Texte veröffentlicht sie auch als Audio-
datei auf ihrer Website. Sie organisiert regelmä-
ßig Lesungen und liest zu Musikimprovisatio-
nen zusammen mit der Saxophonistin Petra The-
len. Sie lebt und arbeitet in Hamburg.
www.barbararossi.de

GEDICHTE

## Thema Wandlungen

## Thema Flucht

## Kollektives Schreiben

Das Projekt «Konzeptionelle Lyrik - Gedichte zu dritt» ist inspiriert von den Surrealisten um Andre Breton, die im Kollektiv nach künstlerischer Entwicklung und neuen Ausdrucksformen gesucht haben. Und von Peter Elbow, dem englischen Schreibwissenschaftler, der zur Anstiftung individueller kreativer Entwicklung in Gruppen, das bedingungslose Zuhören als Voraussetzung für die Technik des *sharing and responding* beschrieben hat. In unterschiedlichsten Schreibgruppen hat mich immer die gegenseitige Wirkung der produzierten Texte und Gedichte interessiert. Als kreative Animation für die Lesenden eigener Prosa und Lyrik und als Trigger für Emotionen und Erinnerungen der Hörenden.

Es ist verblüffend, wie im Prozess des gemeinsamen Schreibens Ergebnisse entstehen, die als individuelles Produkt Bestand haben und dennoch, sozusagen im urheberrechtlichen Sinne, nicht mehr voneinander zu trennen sind.

Was auch immer der auslösende Impuls für das Schreiben in der Gruppe gewesen sein mag. Das laute Lesen als selbsterzeugte Reflexion von Form

und Rhythmus, wie das Feedback , das die ausge-
lösten Erinnerungen und Gefühle der Hörenden
spiegelt, alles ist Teil der eigenen künstlerischen
Entwicklung. Es wird direkt in die Überarbeitung
der entstandenen Werke einbezogen. Der Dialog
wird zu einem dynamischen Prozess. Die "fremde"
Perspektive verhilft zur Annäherung oder zur Dis-
tanzierung. Jeder Perspektivenwechsel ist wieder
ein neuer Impuls.

Aus diesen Erfahrungen ist die Idee der «Konzep-
tionellen Lyrik» entstanden. Der poetische Dialog,
oder, wie in den Gedichtbänden der Serie, der lyri-
sche Trialog, wird als kollektive Inspiration auf die
Spitze getrieben.

Das gewählte Thema, ein Bild, oder vorgegebene
Formen und Rhythmen geben den Anstoß zum ers-
ten eigenem Gedicht. Es wird in die Runde gewor-
fen und damit zur Vorlage, die von der Partnerin als
Auslöser für Erinnerungen, Emotionen und Erfah-
rungen aufgenommen und individuell verarbeitet
wird. Aneignung – Abstraktion – Wiederaneignung
und erneute Abstraktion. Worte werden durchge-
schüttelt und gerührt, bis scheinbar nichts mehr von
den ursprünglichen Zutaten vorhanden ist. Und

trotzdem werden die Leserinnen und Leser schnell entdecken, aus welcher Feder die einzelnen Gedichte stammen. Die Worte bleiben meine und doch sind sie unwiderruflich angereichert mit der Energie der Gruppe.

Renate Haußmann

«Ich weiß nicht, was ich gesagt habe,

bevor ich die Antwort meines Gegenüber gehört

habe».

(Paul Watzlawick)

**Konzeptionelle Lyrik in Serie Band 2**

*Kein Ton geht verloren*
Kirsten Eckmann, Renate Haußmann, Andrea
Katzenberger (Dezember 2018).

ISBN 978-3-7469-9801-5 (Softcover)
ISBN 978-3-7469-9802-2 (Hardcover)

# Vorschau

Konzeptionelle Lyrik Band 3
*Die Zeit ist Zeuge*
Manon Haccius, Sabine Hammer, Renate Hauß-
mann (Hg) (Juni 2019)

Konzeptionelle Lyrik Band 4
*Das ist ja komisch*
Renate Haußmann (Hg), Felizitas Peters, Ursula
Striepe (Dezember 2019)

Konzeptionell Lyrik Band 5
*Dunkle Seiten*
Stephanie von Below, Renate Haußmann (Hg),
Karin Harries-Hedder(Juni 2020)

Konzeptionelle Lyrik Band 6
*Zwischen den Zeilen*
Friederike Lydia Ahrens, Renate Haußmann (Hg),
Tamara Jarchow(Dezember 2020)

Konzeptionelle Lyrik Band 7
*Lecker Lyrixx*
Luis Haußmann, Renate Haußmann (Hg),
Carla Seidemann (Dezember 2020)

Zeitfracht Medien GmbH
Ferdinand-Jühlke-Straße 7
99095 Erfurt, Deutschland
produktsicherheit@kolibri360.de